INSTITUT DE FRANCE.

UN
DIRECTEUR DES MUSÉES

PAR M. ÉMILE PERRIN

DE L'ACADÉMIE DES BEAUX-ARTS

Lu dans la séance publique annuelle des cinq Académies
le 25 octobre 1878.

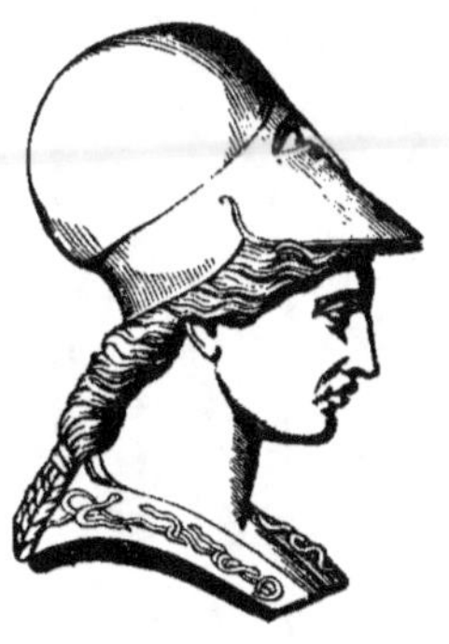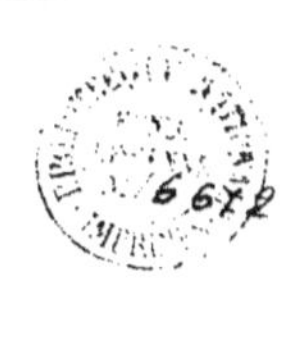

PARIS

TYPOGRAPHIE DE FIRMIN-DIDOT ET Cie

IMPRIMEURS DE L'INSTITUT DE FRANCE, RUE JACOB, 56

M DCCC LXXVIII

UN
DIRECTEUR DES MUSÉES

PAR M. ÉMILE PERRIN

DE L'ACADÉMIE DES BEAUX-ARTS

Lu dans la séance publique annuelle des cinq Académies
le 25 octobre 1878.

Messieurs,

Il y a au Louvre, dans une des salles consacrées à l'École
française moderne, un tableau que l'Académie des Beaux-
Arts pourrait revendiquer à plus d'un titre, car il a pour
elle l'intérêt et le prix d'un tableau de famille. Il n'est pas
seulement l'œuvre très-distinguée d'un artiste qui tint une
place éminente parmi ses confrères; il est, en même temps,
une page remarquable de l'art contemporain et une date
curieuse de son histoire ; je veux parler du tableau de
M. Heim, connu sous ce nom : *Distribution des récompenses
aux artistes après le Salon de 1824.*

1

Dans les soixante-dix-huit années qui composent l'âge de notre siècle, l'année 1824 est une des plus dignes de fixer l'attention de ceux qui aiment à suivre le mouvement des esprits et les évolutions du goût, qui se plaisent à saisir le point de départ d'un courant d'idées nouvelles, à étudier comment se forment et se succèdent les générations d'artistes. Pour ces générations-là, la loi de durée n'est pas la moyenne de la vie humaine ; c'est l'influence plus ou moins énergique, plus ou moins persistante du génie des hommes supérieurs appelés à jouer le rôle de chefs d'école.

En 1824, l'école de David pouvait paraître encore dans tout son éclat. L'autorité presque despotique que, depuis près de quarante ans, Louis David exerçait sur les arts, ne semblait pas s'être affaiblie. Le vieux maître vivait à Bruxelles, exilé et solitaire ; son nom avait été rayé sur les annuaires de l'Institut, mais sa doctrine et son influence restaient prédominantes au sein de l'Académie ; il y régnait toujours, sinon par lui, du moins par ses glorieux élèves. Gérard, le peintre ordinaire du Roi, était au comble des honneurs ; Girodet, miné par la maladie, produisait peu, mais la faveur publique ne lui en demeurait que plus fidèle ; Gros venait de terminer son admirable coupole de Sainte-Geneviève. Pourtant, aux yeux attentifs, des symptômes se manifestaient, précurseurs de la révolte : l'école de David allait bientôt être menacée.

A quelques mois de distance venaient de disparaître deux grands artistes que l'école moderne considère comme ses précurseurs, l'un pour qui la vie n'avait été qu'une longue et pénible lutte, l'autre dont la carrière, trop tôt interrompue, s'ouvrait avec un éclat surprenant. En 1824, l'Institut portait le deuil récent de Prudhon, et, dans le livret du Salon de cette même année, on peut lire cette brève et douloureuse mention : « Feu Géricault » !

Par un singulier contraste, l'Académie des Beaux-Arts comptait encore parmi ses membres deux représentants de l'école française antérieure à la réforme opérée par David. Le célèbre sculpteur Houdon et le baron Denon étaient nés tous les deux dans la première moitié du XVIIIe siècle ; ils avaient vu la cour de Louis XV. L'un avait été chargé de classer le précieux cabinet de médailles et de pierres taillées légué au Roi par Mme de Pompadour ; l'autre avait modelé d'après nature les bustes de Mmes Adélaïde et Victoire de France, ceux de Gluck, de Voltaire, de Rousseau, de Washington, de Franklin ; tous les deux ils avaient été appelés à Saint-Pétersbourg par la grande Catherine. Denon avait servi son pays dans la diplomatie comme dans les arts. Après avoir suivi le général Bonaparte sur les champs de bataille de l'Orient, il était devenu le conseiller intime, en fait d'art, de l'empereur Napoléon Ier. Houdon, à travers la première Révolution, à travers le premier Empire, n'avait pas cessé d'être le continuateur et l'émule des Coysevox, des Lepautre, des Bouchardon, des Coustou.

L'année 1824 présente donc cet intérêt tout particulier qu'elle fut comme un point de rencontre entre le passé, ce qui n'était déjà plus le présent, et ce qui allait être l'avenir. Dans les remous de ces courants si divers se formait le courant des idées nouvelles. Ce fut la gloire de la Restauration de préparer, de fomenter le grand mouvement qui s'accomplit alors dans les lettres, dans les sciences, comme dans les arts.

En ce qui touche les arts, ce mouvement s'était manifesté aux Salons de 1819 et de 1822 ; il s'affirmait d'une façon définitive au Salon de 1824. Ingres revenait d'Italie, fortifié par plus de vingt années d'isolement, d'études sévères, d'intimité avec les œuvres de Raphaël, le maître immortel dont il professait le culte. Son nom n'était pas encore populaire, mais les artistes l'acclamaient déjà ; il apportait de Florence, où il venait de l'achever, *le Vœu de Louis XIII.* Ingres était prêt pour l'action souveraine qu'il allait exercer. En même temps, Eugène Delacroix exposait *les Massacres de Scio.* Ainsi se trouvaient face à face, presque au point de départ de leur renommée et de leur antagonisme, les deux hommes dont les génies si contraires et les productions si opposées ont eu le plus d'influence sur l'école moderne. A côté d'eux venait prendre position une jeune et ardente phalange. Au premier rang, Horace Vernet, Sigalon, Léopold Robert, les deux Scheffer, Couder, Paul Delaroche, Drolling, Picot, Rude, momentanément éloigné de la France ; Pradier, David d'Angers, qui furent les maîtres de beaucoup d'entre vous ; d'autres qui leur survivent et que nous avons le bonheur de posséder encore, MM. Léon Cogniet et Robert-Fleury, dont le *Marius à Carthage, la Scène du Massacre des Innocents, les Brigands italiens,* si popularisés par la gravure, portent le millésime de 1824, MM. Dumont, Gatteaux, Henriquel, qui, cette même année, cueillaient leurs premiers lauriers.

Cette année-là, l'ouverture du Salon avait eu lieu le 25 août, jour de la fête du Roi. Quelques semaines après, la mort de Louis XVIII appelait Charles X sur le trône. La distribution des récompenses se trouva forcément retardée. C'était alors un privilège royal de présider cette cérémonie ; le souverain tenait à honneur de remettre, de sa main, aux artistes les marques de distinction qu'ils avaient méritées. La distribution des récompenses devant être présidée par le roi Charles X, elle ne put avoir lieu qu'au mois de janvier 1825. Vous vous rappelez tous, Messieurs, le tableau de M. Heim ; vous n'avez pas oublié non plus avec quel honneur il figura à l'Exposition universelle de 1855. On s'était montré, depuis quelques années, bien sévère à l'égard de celui que l'on appelait alors : le père Heim. Or, il se trouva que, dans ce grand concours, le père Heim tint une des premières places avec *le Massacre des Juifs* et *la Distribution des récompenses au Salon de 1824*.

Ce n'est pas une tâche aisée pour un artiste que la représentation d'une scène contemporaine, d'une scène officielle surtout. L'élément pittoresque en paraît absent, au premier abord ; il faut l'y découvrir et le mettre en relief sans avoir recours aux artifices, je dirai presque aux subterfuges de l'imagination. Ici l'artiste est pris et serré dans l'étau de la vérité, il n'est donné qu'aux plus habiles de triompher de cette contrainte. L'habit moderne ajoute une difficulté de plus par son uniformité, et les variations fréquentes de la mode donnent vite à ce genre de tableaux un aspect suranné, parfois presque ridicule. Le talent de M. Heim a su éviter tous ces écueils ; à cinquante ans de distance son œuvre a gardé tout son intérêt, elle a un tel accent de vérité que l'artiste semble, devançant les découvertes modernes, avoir eu à sa disposition la précision et la rapidité d'un appareil photographique.

Au centre du Salon carré on a dressé une table, étendu un tapis fleurdelisé, apporté un fauteuil royal. Le Roi est debout; à ses côtés, quelques officiers de la couronne; autour de lui s'empressent librement les artistes; le cérémonial semble absolument banni de cette cérémonie; on dirait un maître de maison venant cordialement au-devant de ses invités. Et pourtant quelle assemblée! Quel nombreux concours d'illustrations de toute sorte! Ils sont là presque tous ceux qui honoraient alors les arts de notre pays; dans ces cent huit portraits il n'en est pas un que vous ne puissiez nommer, il n'est pas un de ces noms qui n'éveille dans votre cœur un souvenir de sympathie, un sentiment de respect ou d'admiration.

Voici Gros reconnaissable à sa belle prestance, à la noblesse de ses traits, à sa longue chevelure, Gros dont l'existence glorieuse devait s'éteindre dans un accès de sombre découragement; Regnault, le peintre de *l'Éducation d'Achille;* près de lui, Hersent, qui fut, après Pierre Guérin, son plus illustre élève; Mme Hersent, toute fière du succès de son joli tableau : *Louis XIV bénissant son arrière-petit-fils;* le baron Bosio; à ses côtés, la charmante Mme de Mirbel; Mme Vigée-Lebrun, chez laquelle le grand âge n'a point effacé la beauté; coiffée d'un chapeau à larges bords, elle rappelle encore le portrait célèbre, gravé par Muller, où elle se peignit elle-même, sa palette à la main, dans tout l'éclat de la jeunesse; Horace Vernet, alors un type accompli de *fashionable;* le sculpteur Ramey; Galle, qui a laissé un nom dans l'art si difficile de la gravure en médailles; Manzaisse, Blondel. Sur un plan plus éloigné, à l'entrée de la grande galerie, Gérard s'entretient avec Fon-

taine ; tous deux portent l'habit noir boutonné sur la poi-
trine ; Percier qui les écoute a revêtu, comme tous ses
autres confrères, l'habit officiel de l'Institut.

A droite, le baron Lemot, l'auteur de la statue
d'Henri IV et de celle de Louis XIV à Lyon, son rival
Dupaty, le baron Desnoyers, Lethière dont l'atelier était
alors très-fréquenté ; à son côté, énergique, résolu, comme
ramassé dans sa petite taille, prêt au combat et sûr de la
victoire, Ingres, pour qui les portes de l'Académie devaient s'ouvrir l'année suivante et qui va, ce jour-là même,
avec David d'Angers, Bra, Schnetz, Heim, Picot, Drolling,
l'Anglais sir Thomas Lawrence, recevoir la croix de la
Legion d'honneur. Sur le premier plan, M{{me}} Ancelot,
M{{me}} Haudebourt-Lescot ; l'une cherchait alors à se faire
dans les arts un nom que lui donnèrent plus tard les lettres et le théâtre ; l'autre, avec des productions aimables,
faciles, très-recherchées des amateurs, inaugurait pour ainsi
dire la vogue des tableaux de genre. Cortot, Debay, Abel
de Pujol, l'architecte Lebas, Huyot dont la vie eut tout
l'intérêt d'un roman ; le savant Quatremère de Quincy, le
second, par ordre de date, des éminents prédécesseurs de
notre cher secrétaire perpétuel. Au fond, dans la foule
plus compacte, on peut distinguer Paul Delaroche, Pradier, Isabey, Charles Nodier, le baron Taylor, Ciceri,
Daguerre qui en étudiant les effets de la lumière devait
arracher un secret de plus à la nature et doter l'humanité
d'une des plus surprenantes découvertes de la science ; les
compositeurs Lesueur, Cherubini, Boïeldieu qui écrivait,
cette année même, la partition de *la Dame Blanche*; Ros-
sini qui allait bientôt, en composant son chef-d'œuvre pour

la scène française, demander à notre art national ses lettres
de grande naturalisation.

Au centre du tableau, les brillants uniformes du Roi et
des personnages officiels forment un point lumineux parmi
les fracs noirs et les habits à palmes vertes, à haut collet
des membres de l'Institut. Le sculpteur Cartellier s'incline
en recevant de Sa Majesté le grand cordon de Saint-Mi-
chel; Carle Vernet vient de le recevoir et tient encore entre
ses doigts le large ruban de moire noire, insigne de cet
ordre que le gouvernement de la Restauration avait, après
Louis XIV, rétabli comme une récompense spéciale des
services rendus aux arts, aux lettres et aux sciences. Près
du Roi, le duc de Maillé, le vicomte de La Rochefoucauld,
celui-là même qui réglementait la longueur du jupon des
danseuses et qui voulait couvrir d'un voile la nudité des
statues, le marquis d'Autichamps, gouverneur militaire du
palais du Louvre, le directeur des musées royaux, comte
de Forbin, et son secrétaire général, son futur successeur,
votre futur confrère, M. de Cailleux.

Vous me pardonnerez, Messieurs, d'avoir fait ce long
détour. J'ai pris, pour arriver à M. de Cailleux, le chemin
que l'on appelle : le chemin des écoliers, mais il est des
hommes dont on ne peut retracer la vie qu'en parlant de
ceux au milieu desquels ils ont vécu. Ils sont moins par
eux-mêmes que par la situation qu'ils ont occupée, par
l'influence que cette situation leur a permis d'exercer, par
le bon usage qu'ils en ont fait. Comme, dans notre pays,
le gouvernement ne s'est jamais encore dessaisi de la haute
direction des choses de l'art, on le rend volontiers res-

ponsable de leur plus ou moins de prospérité, et cela est juste puisqu'il en a tiré parfois son plus grand éclat. Des souverains ont eu l'insigne honneur de donner leur nom à une éclosion simultanée, presque providentielle, de génies supérieurs ; de grands ministres ont personnifié en quelque sorte tout un ensemble d'œuvres considérables suscitées par leur impulsion féconde, accomplies avec leur puissante coopération.

Dans une sphère plus modeste, ceux qui ont pris une part active à l'administration des Beaux-Arts, qui ont apporté dans l'exercice de ces délicates fonctions un esprit élevé, un sens droit, un goût sûr, l'amour des belles entreprises, le tact nécessaire pour pressentir chez l'artiste, et dès ses premiers pas, l'éclat futur de sa carrière ; ceux qui, sachant toujours faire des aptitudes diverses un emploi également judicieux, ont bien dirigé chacun dans sa voie, qui ont donné au talent l'occasion de se produire, qui, l'ont aidé à se développer, qui l'ont encouragé à propos et dignement récompensé, ceux-là, Messieurs, vous les considérez comme des vôtres, vous leur faites place parmi vous et vous voulez qu'on honore leur souvenir.

M. de Cailleux fut un de ces hommes. Il était né à Rouen en 1787, d'une ancienne famille parlementaire, et comptait, dit M. H. Delaborde, parmi ses aïeux des capitouls toulousains. Son goût naturel pour les arts l'avait amené de bonne heure à Paris afin d'y faire son éducation d'artiste. Il avait rencontré le jeune Taylor dans l'atelier du peintre Suvée. Il avait ensuite étudié l'architecture et reçu les leçons de M. Abadie père. Puis, comme tous les jeunes hommes de ce temps, il lui avait fallu faire le métier de soldat. Là encore il avait retrouvé M. Taylor. Les deux camarades d'atelier, les deux compagnons d'armes, devaient plus tard devenir collaborateurs. Lorsque, vers 1818, M. Taylor commença la publication des *Voyages pittoresques et romantiques dans l'ancienne France,* l'entreprise était conçue sur un plan trop vaste pour qu'il pût songer à l'accomplir à l'aide de ses seules forces. Il s'assura le concours de Charles Nodier et de M. de Cailleux, qui devaient à leur tour s'adjoindre d'autres écrivains. M. de Cailleux fut chargé spécialement de l'étude des deux anciennes provinces de la Normandie et de la Bretagne. Il faut lui rendre cette justice que c'est peut-être la partie la plus intéressante et la plus complète de cette immense publication destinée, par ses proportions mêmes, à rester inachevée. M. de Cailleux apportait à ce travail des connaissances toutes particulières, une naturelle ardeur, puisqu'il s'agissait de décrire son propre pays. On était alors au commencement de cette fièvre des études rétrospectives qui ouvrirent un champ nouveau à l'art et à l'histoire. M. de Cailleux n'utilisa pas seulement son propre savoir; il mit en lumière les travaux des chercheurs modestes et patients, des savants antiquaires qui n'ont jamais manqué à la vieille terre normande et dans cette tâche complexe il ne montra pas seulement le tact d'un érudit, le sentiment d'un artiste, il fut tout de suite un bon administrateur.

M. de Cailleux avait été attaché à l'état-major du général marquis de Lauriston. Lorsque celui-ci devint en 1820 ministre de la maison du roi, les Musées se trouvaient dans ses attributions. Il appela M. de Cailleux au poste de secrétaire général, sous la direction de M. le comte de

Forbin. La vie de M. de Forbin était fort diversement
occupée. Homme du monde, familier de la cour, peintre
distingué, écrivain, voyageur, chargé de missions impor-
tantes qui nécessitaient parfois de longues absences, il
avait pris tout le côté brillant de la situation, se dépensant
volontiers au dehors, s'en remettant à son secrétaire général pour le travail assidu et les mille détails de l'administration. L'importance de M. de Cailleux s'en trouvait d'au-
tant agrandie, il fut bien vite désigné pour occuper plus
tard la première place.

M. de Cailleux, avait en 1824, environ trente-six ans. Le
pinceau de Heim nous le représente d'une taille élevée,
d'un maintien réservé, d'un aspect froid, d'un assez grand
air. Il n'était point en effet d'un abord facile et le reproche
d'être banal ne lui a jamais été adressé. Il avait gardé
dans ses habitudes administratives une rigidité presque
militaire et ce singulier mélange de rudesse et de courtoisie,
de grâce revêche et de bon vouloir le firent, il faut bien
le dire, plus souvent craindre qu'aimer. Ceux qui le con-
naissaient bien, l'appelaient : le bourru bienfaisant ; ceux
qui n'avaient pas le temps de pénétrer l'enveloppe, s'en
tenaient volontiers à la première épithète. La simplicité
de sa vie était extrême. Vous vous souvenez, Messieurs,
de cette petite cour du Louvre, qu'on appelait : la Cour du
Sphinx, du nom d'un grand sphinx de granit qui l'en-
combrait un peu et que M. Denon avait rapporté d'Égypte ;
c'est dans un entresol, placé au-dessus des bureaux, où
des fenêtres cintrées versaient parcimonieusement la lumière, que M. de Cailleux vécut de 1820 à 1848. Successi-
vement secrétaire, secrétaire général, directeur adjoint,

directeur général des musées, il ne voulut jamais quitter ce modeste appartement où il avait parcouru tous les degrés de l'échelle administrative. Grand travailleur, levé avec le jour, il aimait à donner ses audiences à une heure tyrannique pour des tempéraments moins actifs et moins matineux que le sien.

Un de vous, Messieurs, me racontait sa première entrevue avec M. de Cailleux. C'était en 1846, si je ne me trompe. Notre confrère avait reçu de M. le Directeur des Musées l'avis de sa nomination comme chevalier de la Légion d'honneur. M. de Cailleux y avait ajouté une mention spéciale, il voulait être le parrain du nouveau chevalier et désirait lui remettre lui-même les insignes de l'ordre. Celui-ci était absent de Paris. A son retour, il s'empressa de se rendre au Louvre à l'heure matinale qui lui avait été indiquée. Il trouva le Directeur général déjà au travail et dans un négligé assez excusable à sept heures du matin. « Ah ! c'est vous, Monsieur, fit M. de Cailleux ; les jeunes gens se font donc attendre aujourd'hui, il y a longtemps que je vous ai écrit. » L'artiste s'excusa du mieux qu'il put sur son absence. « C'est bien, Monsieur, » interrompit le Directeur ; puis il sonna ; un valet de chambre parut. « Jean, dit-il à ce fidèle serviteur qui aurait dû s'appeler Jasmin comme le valet de chambre du marquis de la Seiglière, Jean, apportez-moi mon habit et mon épée. » Puis, passant son habit d'uniforme sur un négligé un peu sommaire, il prit en main son épée. « Approchez, Monsieur », fit-il au récipiendaire un peu étonné ; je n'oserais dire qu'il lui fit mettre un genou en terre, mais, du bout de son épée, il lui toucha trois fois l'épaule, puis lui tendit les bras pour lui donner l'accolade fraternelle... Bayard armant chevalier le jeune roi François Ier, sur le champ de bataille de Marignan, n'y mettait pas plus de solennité que M. de Cailleux recevant chevalier de la Légion d'honneur notre cher et éminent confrère M. Meissonier.

Les grands jours de la vie de M. de Cailleux, l'honneur de sa longue carrière, le titre en vertu duquel il fut surtout admis parmi vous, c'est la part qu'il prit à la formation du Musée de Versailles. Dès les premières années de son règne, Louis-Philippe avait conçu la pensée de créer dans le palais de Versailles un vaste musée consacré aux gloires de la France. Le roi constitutionnel faisait ainsi, de la demeure fastueuse du roi absolu, un palais national : il sauvait de l'abandon, de la lente destruction qui en est la suite, un monument admirable. C'était une noble pensée, royale et patriotique à la fois. Le roi poursuivit l'exécution de ce projet avec une activité passionnée. Le musée de Versailles était son œuvre personnelle, il s'y délassait des soucis de la politique, il s'y consolait des chagrins qui ne lui furent point épargnés. Il trouvait dans ce repos laborieux l'emploi d'une incomparable érudition historique et la satisfaction d'un profond amour pour son pays.

M. Fontaine et M. de Cailleux furent ses collaborateurs les plus assidus. Pour adapter l'ancien palais à sa destination nouvelle, il ne fallait pas moins que l'habileté, l'expérience consommée de M. Fontaine, sa fécondité de ressources et surtout son énergique volonté. A M. de Cailleux n'incombait pas une moindre tâche. On avait commencé par réunir toutes les œuvres d'art concernant notre histoire qui se trouvaient éparses dans les résidences royales, dans les dépôts des musées, dans les magasins de l'État, dans les édifices nationaux. Mais ce n'était là qu'un point de départ. La pensée souveraine qui avait présidé à la création du Musée de Versailles voulait que ce fût comme un livre immense, ouvrant, aux regards de tous, les fastes vivants de notre histoire, depuis son origine jusqu'à nos jours. Il ne s'agissait donc pas seulement de réunir et de classer des œuvres déjà existantes, il fallait en susciter de nouvelles, destinées à combler de nombreuses lacunes, à retracer des scènes mémorables qui ne prennent souvent leur juste proportion qu'à distance, à reproduire enfin, le plus fidèlement possible, les évènements qui se sont accomplis sous nos yeux. C'était un vaste champ ouvert au génie de nos peintres et de nos sculpteurs, et l'on ne saurait nier le mouvement considérable qu'imprima aux arts un pareil ensemble de travaux.

Le rôle du Directeur des Musées prit ici une importance extrême. C'était à lui de répartir, entre tant d'hommes de mérite, à chacun sa juste part d'honneur et de profit, à lui de se reconnaître dans ce vaste réseau de commandes, d'en surveiller, d'en activer l'exécution. Commencé en 1833, le Musée de Versailles put être inauguré le 10 juin 1837. Il n'était point achevé sans doute, mais le résultat n'était pas moins surprenant quand on songe à ce qui avait été déjà fait et à l'activité qui régnait alors dans les ateliers de nos peintres et de nos sculpteurs.

Sans doute, dans une aussi nombreuse réunion d'œuvres d'art, si rapidement formée, toutes ne sont pas d'un égal mérite. Il n'en est pas moins vrai que le Musée de Versailles représente avec éclat, sinon tout le mouvement de l'art sous le règne de Louis-Philippe, du moins une grande partie de cet art. Ce que l'on appelait alors, en affectant un certain dédain : la peinture officielle, eut cet avantage de mettre les artistes à même d'appliquer leur talent à des œuvres de vastes proportions, ce qui est un point capital non-seulement pour l'artiste, mais pour l'art en lui-même, pour son honneur, pour son enseignement. Sans le Musée de Versailles, Eugène Delacroix n'aurait peint ni la *Bataille de Taillebourg*, ni l'*Entrée des Croisés à Constantinople*. Sans le Musée de Versailles, l'auteur de la *Bataille de Law-feldt*, le peintre des *États Généraux*, de la *Fédération au Champ de Mars*, Auguste Couder, n'aurait pas donné le rare exemple d'un artiste ayant fourni, pour ainsi dire, deux carrières et deux carrières distinctes, dont la seconde l'emporte sur la première par la jeunesse, la vigueur et le sentiment de la vérité. Où peut-on mieux admirer le génie abondant et facile d'Horace Vernet que dans ces salles consacrées à nos campagnes d'Afrique que sa main infatigable a emplies, à elle seule, de vie, de soleil, de mouvement, j'allais presque dire de bruit? Combien d'autres artistes distingués durent aux galeries de Versailles leur plus juste notoriété, et, pour ne citer que quelques noms que vous n'avez pas oubliés, MM. Alaux, Larivière, Bouchot, Court et tant d'autres n'ont-ils pas là des œuvres qui font le plus grand honneur à l'école contemporaine ?

Depuis longtemps déjà, M. de Cailleux occupait la première place dans l'administration des musées; car, dès 1828, la direction de M. le comte de Forbin n'avait été que nominale. Pendant vingt-cinq ans, M. de Cailleux avait

vécu parmi les artistes, il avait été parfois l'arbitre de leurs
destinées, souvent le témoin de leurs luttes, le confident
de leurs espérances, le promoteur de leurs succès. Il
s'était créé parmi eux de solides sympathies, il avait su se
concilier l'estime et le respect de tous. En 1845, l'Institut
l'appela dans son sein : il fut nommé académicien libre, en
remplacement de M. le comte de Vaublanc; c'était la juste
récompense d'une carrière déjà longue, laborieuse, utile,
dévouée, et que les évènements politiques devaient bientôt
abréger.

La révolution de Février fit, en effet, descendre M. de
Cailleux du poste élevé où l'avait placé la confiance et
l'amitié du souverain. Les relations intimes, les liens de
reconnaissance qui l'attachaient au roi déchu, lui comman-
daient de se retirer. Il le fit avec la dignité simple et la
résignation silencieuse de l'homme de bien. A dater de ce
moment, M. de Cailleux se condamna à une retraite ab-
solue. Les années s'accumulaient sur sa tête, emportant
l'un après l'autre ses quelques amis, faisant le vide autour
de lui. L'étude lui restait, il y apportait l'ardeur d'une
dernière passion. Il vivait au milieu d'un amoncellement
de livres, de cartons, de gravures; il en chérissait le
désordre, il n'en détestait pas la poussière. La tristesse et
le deuil avaient jeté leurs teintes grises sur ce petit donjon
où il s'était fait une solitude presque inaccessible dans un
des quartiers les plus populeux de Paris. Une fois par
semaine, il descendait de ces hauteurs et se dirigeait vers
l'Institut Il était assidu à vos séances qui, seules, le rame-
naient à la vie présente. Hors de là, il s'était réfugié dans
le passé. Il en était resté où s'était arrêtée la période de

sa vie active et se persuadait difficilement que, depuis,
on eût pu faire quelque chose de bon. Il fermait les yeux
pour ne pas voir le mouvement irrésistible qui entraîne
l'humanité, et ce n'était chez lui ni faiblesse d'esprit, ni
indifférence, c'était plutôt chaleur de cœur.

Tel vécut M. de Cailleux depuis 1848, pendant plus
d'un quart de siècle. Dieu sait si ces vingt-huit années
furent fécondes en grands évènements. Il assista à ce spec-
tacle tour à tour glorieux et terrible, souffrant des dou-
leurs de son pays, mais se disant que le pays avait peut-
être rompu de lui-même les liens qui auraient pu le sauver
de ces dures alternatives de fortune et de désastres. Cette
persistance dans ses opinions, cette affection inébranlable
envers ceux qu'il avait aimés et servis, cette indépen-
dance altière jusqu'à la rudesse, sont les traits principaux
du caractère de M. de Cailleux. La mort ne surprit pas ce
sage, il l'attendait.

Ainsi, dans les grands travaux de nivellement qui trans-
forment aujourd'hui si rapidement nos cités, les ouvriers
laissent debout de petits tertres qui marquent l'ancien
niveau et servent à mesurer la profondeur de la tranchée.
Cela s'appelle, je crois, des témoins. De même, quand la
mort fait ses coupes sombres dans la futaie humaine, elle
épargne quelques grands vieillards, vestiges vénérés du
temps qui n'est plus. Ceux-là aussi pourraient s'appeler des
témoins. Sous leurs yeux, des dynasties ont été empor-
tées, les formes de gouvernement se sont modifiées, la
science a découvert et découvre chaque jour des horizons
nouveaux ; l'art lui-même, plus contraint à la précision qui
est une loi favorite, expresse, du génie moderne, cherche

un nouvel idéal dans une intimité plus étroite avec la nature ; tout est changé autour d'eux, mais eux ne se mêlent point à la vie nouvelle ; ils restent spectateurs muets et impassibles de cet incessant combat, portant au cœur, comme une blessure secrète, le souvenir du passé, blessure dont ils ne veulent pas guérir, qui ne peut se cicatriser, car elle est sans cesse ravivée par deux des plus nobles sentiments de l'âme : la reconnaissance et la fidélité.

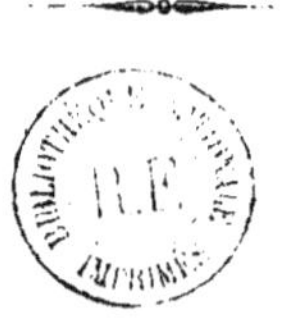